BEI GRIN MACHT SICH IHR WISSEN BEZAHLT

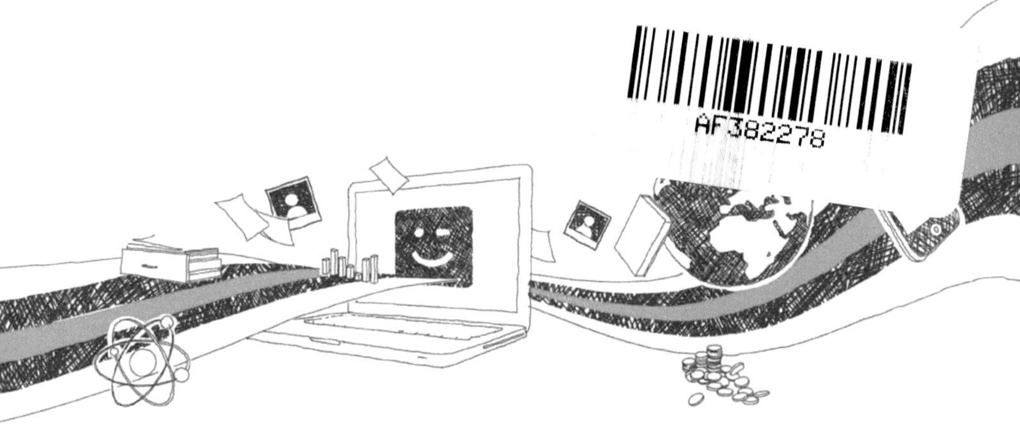

- Wir veröffentlichen Ihre Hausarbeit, Bachelor- und Masterarbeit

- Ihr eigenes eBook und Buch - weltweit in allen wichtigen Shops

- Verdienen Sie an jedem Verkauf

Jetzt bei www.GRIN.com hochladen und kostenlos publizieren

Sigrid Weyers

Piet Mondrian

Klassische Moderne zwischen den Weltkriegen

GRIN Verlag

Bibliografische Information der Deutschen Nationalbibliothek:

Die Deutsche Bibliothek verzeichnet diese Publikation in der Deutschen National-
bibliografie; detaillierte bibliografische Daten sind im Internet über http://dnb.d-
nb.de/ abrufbar.

Impressum:

Copyright © 2005 GRIN Verlag GmbH
Druck und Bindung: Books on Demand GmbH, Norderstedt Germany
ISBN: 978-3-640-39450-0

Dieses Buch bei GRIN:

http://www.grin.com/de/e-book/132740/piet-mondrian

Piet Mondrian

Seminar: Klassische Moderne zwischen den Weltkriegen

Universität Koblenz-Landau, Campus Landau
Institut für Kunstwissenschaft und Bildende Kunst
Sommersemester 2005

Referentin: Sigrid Weyers
Stud. M. A. (Kunstwissenschaft/Bildungsökonomie)
4. Fachsemester

Gliederung

Den Bildbeschreibungen liegen die entsprechenden Abbildungen aus dem Band *Piet Mondrian. Catalogue Raisonné* zugrunde. Aus rechtlichen Gründen wurde auf die Reproduktion im Rahmen dieser veröffentlichten Ausgabe verzichtet.

1　Familiärer Kontext und künstlerische Ausbildung

1.1　Selbstporträt

1918, Öl auf Leinwand, 88x71 cm
`s Gravenhage, Haags Gemeentemuseum

Das Brustbild zeigt Mondrian in der Seitenansicht, wie er sich dem Betrachter über die Schulter zuwendet, sein Gesicht ins Halbprofil gewendet: ein korrekt gekleideter Herr mit Anzug und Fliege, in dessen Blick sich Wachsamkeit und Skepsis mischen. Den Hintergrund bildet eine Wandfläche, deren obere Hälfte fast vollständig von einer Komposition aus Rechtecken, eingenommen wird – ein Hinweis auf die Bildsprache des Künstlers zur Entstehungszeit des Porträts (1918). Deren helle Grautöne lassen die markanten Gesichtszüge des Malers deutlich hervortreten. Braun- und Grautöne mit sparsamen Akzenten in Weiß und Schwarz bestimmen den farblichen Gesamteindruck.

Piet Cornelis Mondriaan[1] wird am 7. März 1872 in Amersfoort als Sohn einer streng calvinistischen Familie geboren.[2] Sein Vater Piet Cornelis Mondriaan, der selbst als exzellenter Zeichner gilt und als Zeichenlehrer und Schulvorsteher tätig ist, stammt aus einer alteingesessenen Handwerkerfamilie in Den Haag. 1880 übersiedelt die Familie nach Winterswijk, wo sie fortan ansässig ist.

Frits Mondriaan, Bruder des Vaters und Schüler von Willem Maris[3], Landschaftsmaler der Haager Schule, erteilt dem jungen Piet Mondrian ersten Malunterricht. Dieser äußert schon früh den Wunsch, Maler zu werden. Der Vater stimmt der Berufswahl zu, stellt jedoch die Bedingung, dass der Sohn zuvor eine Lehrerausbildung absolviert. Mondrian fügt sich dem Wunsch; 1889 erwirbt er das Diplom für den Zeichenunterricht an Volksschulen, 1892 das Diplom für die Mittelschule.

---

[1] Seit der Übersiedlung nach Paris verwendet Piet Mondrian selber diese Schreibweise seines Namens.

[2] Die Calvinisten zählen zu den reformierten Kirchen, sie stellen in den Niederlanden die größte christliche Glaubensgemeinschaft. Ihr Name geht auf Johannes Calvin, eigentlich Jean Cauvin, zurück, den aus Frankreich gebürtigen schweizer Reformator. Er begründete diese Glaubensrichtung zum Einen durch seine 1535 in Basel veröffentlichte Dogmatik „Institutio Christianae Religionis", zum Anderen durch die von ihm und Guillaume Farel 1541 formulierte „Ordonnances écclésiastiques", die Gemeindeordnung für die Stadt Genf. Sie stellte das gesamte öffentliche und private Leben des Christen unter das Primat der Bibel und des Glaubens. Die Einhaltung der Ordnung wurde von der „Vénérable Compagnie" und dem „Consistoire" überwacht. Unter Berufung auf Matthäus, 18 waren sie mit der Aufgabe betraut, „Sünder" zu mahnen und ggf. zu sanktionieren.

[3] Willem Maris (1844 – 1910, Den Haag) ist der jüngste von drei künstlerisch tätigen Brüdern. Er gilt als Vertreter der Haager Schule, die ihrerseits in der Tradition der Schule von Barbizon steht. Ihr Grundsatz, formuliert von Johann Hendrik Weissenbruch (1824 – 1903), lautet: "Licht und Luft – das ist die Kunst."

Seinen erlernten Beruf übt er nie aus, später erteilt er jedoch im Freundes- und Bekanntenkreis sporadisch Privatstunden[4].

Zwischen 1892 und 1897 besucht Mondrian die Malklasse bei Professor August Allebé[5] an der Rijksakademie Amsterdam. In den letzten zwei Jahren nimmt er nur am Abendunterricht teil, während er tagsüber zu Naturstudien die Umgebung von Amsterdam durchstreift. Die Landschaft bei Duivendrecht und Het Gein hält er in vielen Gemälden fest, dabei wählt er bevorzugt die Gegenüberstellung von bäuerlicher Architektur und Baumgruppen.

Von 1905 bis 1911 lebt Mondrian in Amsterdam, er wird Mitglied der „Malergenossenschaft St. Lucas" und der Künstlervereinigung „Arti et Amicitiae". Zur Sicherung seines Lebensunterhaltes fertigt er wissenschaftliche Zeichnungen von Blumen und Pflanzen im Auftrag eines Biologen an. Diese inspirieren ihn darüber hinaus zu einer Reihe unabhängiger Blumendarstellungen, z.B. Chrysanthemen. Motive aus der Natur spielen auch in der weiteren Entwicklung seines Stils eine große Rolle.

2 Der Baum als Leitmotiv

Um 1907 setzt sich Mondrian intensiv mit Edvard Munch, der Art Nouveau und den Fauves auseinander. Aus ihrem Umgang mit Farbe und Linien als gestalterischen Elementen entwickelt er neue, eigene Darstellungsformen.

2.1 Wald bei Oele

1908, Öl auf Leinwand, 128x158 cm
`s Gravenhage, Haags Gemeentemuseum

Ins Auge fällt die vertikale Gliederung durch die Baumstämme, die fast die gesamte Bildfläche beherrschen. Im Kontrast dazu charakterisieren kurze horizontale Pinselstriche am unteren Bildrand den Waldboden. Diese setzen sich im Hintergrund fort bis zu einer geschwungenen, gelb konturierten Linie, die als Horizont gedeutet werden kann. Darüber wölbt sich der Himmel, in dessen Zentrum die Sonne steht. Die Farbskala beschränkt sich auf gebrochene Blau- und Brauntöne, wenig Grau, ein helles Rot zur Andeutung einer Architektursilhouette und das Gelb der Sonne und des Horizonts.

---

[4] Eine seiner Schülerinnen ist zeitweilig Jacoba van Heemskerk van Beest. (siehe Fußnote 9)

Der Blick des Betrachters wird von der Sonne, ihrer Helligkeit und ihrer mit den Horizontalen und Vertikalen kontrastierenden Kreisform, fast magisch angezogen. Dabei leiten die Bäume durch ihre Verdichtung zur Sonne hin, gleichzeitig verstärken die dunklen Baumkronen deren Leuchtkraft.

Von 1908 bis 1915 verbringt Mondrian die Sommermonate in Domburg auf der Insel Walcheren, Provinz Zeeland, einem bei Künstlern beliebten Ferienort. Zu seinen bevorzugten Motiven hier gehören die Mühlen, die Kirch- und Leuchttürme der Insel, aber auch Wolken und Dünen. Er knüpft Kontakte zu einem theosophisch orientierten Kreis von Künstlern und Intellektuellen, darunter Jan Toorop[6], Jan-Thorn Prikker[7], Marie Tak van Poortvliet[8] und Jacoba van Heemskerk[9]. 1909 wird Mondrian selbst Mitglied der Theosophischen Gesellschaft, der er bis zu seinem Tod angehören wird. Er beschäftigt sich intensiv mit den Lehren der Theosophie[10], deren Ziel - ähnlich dem des Calvinismus - eine neue, göttlich inspirierte Weltordnung ist. In späteren Jahren faszinieren ihn vor allem die Reden und die Person Krishnamurtis[11], eines charismatischen Inders, der in den zwanziger Jahren in esoterisch orientierten Kreisen als Weltenlehrer und wiederkehrender Christus betrachtet wird. Dieser spricht von der Befreiung des Menschen aus selbst verursachten psychologischen Abhängigkeiten mit dem Ziel, dem Individuum ein Leben in Harmonie mit sich selbst, der Natur und den Anderen zu eröffnen.

---

[5] August Allebé (1838 – 1927, Amsterdam), Künstler der Haager Schule, lebt und arbeitet in Amsterdam als Professor an der Rijksakademie.

[6] Jan Toorop (1858, Java – 1928, Den Haag), bedeutender Künstler des niederländischen Jugendstils

[7] Jan-Thorn Prikker (1868, Den Haag – 1932, Köln), von Nabis und Art Nouveau beeinflusster Symbolist, tätig als Professor an der Kunstgewerbeschule Krefeld, an der Folkwangschule Hagen/ Essen und an den Akademien in München, Düsseldorf und Köln.

[8] Marie Tak van Portvliet (1871 – 1936), Anthroposophin, Kunstmäzenin und Landwirtschaftspionierin. Ihr Landgut Loverendale in Domburg ist ein wichtiger Treffpunkt für Künstler und Intellektuelle und der der weltweit erste biologisch-dynamische Landwirtschaftsbetrieb im Sinne Rudolf Steiners.

[9] Jacoba van Heemskerk van Beest (1876, Den Haag – 1923, ?), Tochter eines bekannten niederländischen Schiffsmalers. Sie studiert an den Akademien in Den Haag und in Paris. Später wird sie später das einzige niederländische Mitglied der Berliner Malergruppe "Der Sturm" und hat so auch Verbindungen zur gleichnamigen Galerie von Herwarth Walden.

[10] Der Begriff Theosophie leitet sich ab von "theòs" (gott) und "sophía" (Weisheit). Er steht für eine religiös motivierte Weltanschauung, die vom Glauben aus zu einer höheren Wahrheitsschau gelangen will. Ziel ist es, die höchstmögliche Stufe der Ethik zu erlangen und deren Vollendung im Sein zu verwirklichen. Sie bedient sich dabei in eklektizistischer Weise verschiedener Weltreligionen und bezieht auch Mystik, Okkultismus und Astrologie in ihre Sichtweise mit ein.

[11] Jiddu Krishnamurti (1895, Mandanapalle/Südindien – 1986, Ojai/Kalifornien) wird als Jugendlicher von der theosophischen Gesellschaft Indiens unter der Führung der Engländerin Annie Besant „entdeckt" und in deren Obhut genommen. Mit 15 wird er das Oberhaupt des 1911 neu gegründeten theosophischen Ordens "Star of the East" und in der Folge weltweit bekannt als kraftvoller, kompromissloser und keiner Religion oder philosophischen Schule zuzuordnender Lehrer.

Gleichzeitig setzt sich Mondrian mit dem Pointillismus Georges Seurats[12] und den naturwissenschaftlichen Schriften Eugène Chevreuils[13] über die Zerlegung des Lichtes in seine Grundfarben auseinander. Daraus gewinnt er vor allem zwei grundlegende künstlerische Erkenntnisse:

- Die Zweidimensionalität der Leinwand lässt keine illusionistische Malerei zu.
- Farben können die Natur auf der Leinwand nicht reproduzieren; die naturgetreue Wiedergabe der Wirkung des Sonnenlichtes ist nicht möglich.

3   Eigene Wege in die Abstraktion

Der Baum ist ein zentrales Motiv im Schaffen Mondrians, doch während er bis in die ersten Jahren des neuen Jahrhunderts vor allem Baumgruppen zum Gegenstand seiner Darstellungen macht, steht ab etwa 1907 der einzelne Baum im Mittelpunkt, zuerst noch in naturalistischer Anmutung, dann immer stärker abstrahierend.

3.1   *Der rote Baum (Abend)*

1908/10, Öl auf Leinwand, 70x99 cm
`s Gravenhage, Haags Gemeentemuseum

Das Bild zeigt einen einzelnen Baum, herausgelöst aus dem landschaftlichen Zusammenhang. Dabei erinnern die Rindenstruktur mit ihren kurzen, kräftigen Pinselstrichen und die Krone mit ihrem Astgewirr aus organischen Linien noch an das Vorbild der Natur. In Verbindung mit dem Verlust räumlicher Bezüge verweisen sie gleichzeitig auf die Ornamentik des Jugendstils. Wie beim „Wald von Oele" skizzieren kurze horizontale Pinselstriche die Standfläche des Baumes am unteren Bildrand, darüber beschreiben kurze vertikale Pinselstriche eine weitere Fläche, begrenzt von einer blauen Silhouette, einen schemenhaften Weidezaun.

Was an der Darstellung besticht, ist die Leuchtkraft ihrer Farben, kräftiges Blau und Rot bilden die Grundlage, strukturiert durch schwarze Linien. Die Verdichtung der Astlinien in der rechten Kronenhälfte und die zunehmende Verwendung eines

---

[12] Ein direkter Reflex auf Georges Seurat ist die "Mühle bei Sonnenlicht", entstanden als Versuch, "die neue pointillistische Malweise zur Vermittlung eines tieferen Erlebens der Sonnenwirkung auf eine Landschaft einzusetzen." (Wijsenbeek I, 1968, 49)

[13] Eugène Chevreuil (1786 – 1889), französischer Chemiker, lebt und arbeitet in Angers. Er ist tätig als Professor für Chemie und als Leiter der Färbereien der Gobelinmanufakturen. Bekannt wird er als Entdecker des Farbstoffes der Indigopflanze, durch seine wissenschaftlichen Abhandlungen zur Wahrnehmung der Farben (Simultankontrast) und durch die Entwicklung einer eigenen Farbenlehre.

dunklen Blaus in diesem Bereich mit wenigen Spuren von Rot setzen einen deutlichen Akzent. Unverkennbar sind die Einflüsse der Fauves und des Expressionismus, aber Mondrian geht darüber hinaus. Die vollkommene Aufgabe jeglicher perspektivischer Darstellung ermöglicht ein autonomes Linienspiel in der Fläche.

Ende 1911 hält sich Mondrian auf Einladung von Conrad Kickert[14] in Paris auf, ab 1912 lebt er ständig dort. Er findet Anschluss an die Kubisten vom Montmartre, vor allem Braques und Picasso, beteiligt sich am Salon des Indépendents 1913. Seine Exponate werden von Guillaume Apollinaire[15] in dessen Kritik als eigenständige Variante des Kubismus hervorgehoben.

3.2 *Der graue Baum*

1911, Öl auf Leinwand, 79,7x109,1 cm
's Gravenhage, Haags Gemeentemuseum

Mondrian arbeitet weiter an der Verknappung seiner bildnerischen Mittel: Der Baum ragt aus dem Boden heraus, der mit waagrechten Pinselstrichen an den unteren Bildrand gesetzt wird. Der Stamm strebt nach oben und fächert sich in der Bildmitte zur Krone auf. Allerdings lässt sich die Baumform nur noch erahnen, denn sie wird auf ein System aus horizontalen, vertikalen, geraden und gebogenen Linien reduziert. Letztere lassen sich als Äste oder stilisierte Blattformen deuten.

Die Farbpalette konzentriert sich auf Grauwerte, die in der Gabelung des Stammes ihre größte Dunkelheit erreichen. Nach außen, zum Bildrand hin werden die Linien zarter, die Graustufen heller, nahezu weiß.

Beides zusammen – monochrome Farbgestaltung und Stilisierung zur Linie hin – bewirkt, dass der Baum scheinbar wie von selbst aus dem Untergrund des Bildes entsteht und wieder in ihn zurück sinkt. Motiv und Hintergrund sind ineinander verwoben.

---

[14] Conrad Kickert (1882, Den Haag – 1965, Paris) lebte ab 1909 in Paris als Maler und Kunstsammler.

[15] Guillaume Apollinaire (1880, Rom – 1918, Paris), eigentlich Wilhelm Apollinaris de Kostrowitzky, lebt ab 1899 in Paris und erhält 1916 die französische Staatsbürgerschaft. Er meldet sich als Kriegsfreiwilliger, wird verletzt und stirbt wenig später an den Folgen dieser Verletzung. Er veröffentlicht Gedichtsammlungen ("Le Bestiaire", "Alcools", "Calligrammes") und erotische Romane. Seine Lyrik inspiriert die französischen Dadaisten und Surrealisten.

3.3 *Blühender Apfelbaum*

1912, Öl auf Leinwand, 78,5x107,5 cm
`s Gravenhage, Haags Gemeentemuseum

Ein Baum? Dem Betrachter präsentiert sich ein Netz aus geraden und geschwungenen, horizontal und vertikal verlaufenden Linien, die sich teilweise rechtwinklig
schneiden. Jegliche naturalistische Anmutung ist verschwunden, selbst eine
Standfläche ist nicht mehr wahrnehmbar, das Liniensystem erstreckt sich scheinbar beliebig über die Bildfläche.

Die Zerlegung der Form und die aus hellem Grau, Blau und Braun bestehende
Farbpalette erinnern an den analytischen Kubismus, mit dem sich Mondrian in
seiner Pariser Zeit vor dem Ersten Weltkrieg intensiv auseinander setzt.[16] Auf den
zweiten Blick werden die Unterschiede zu diesem deutlich: Die Farben sind
wärmer, das Liniensystem offener. Während die Kubisten ihren Gegenstand in
Kuben zergliedern bzw. ihn daraus entstehen lassen und so die Bildstruktur er-
arbeiten, will Mondrian die dem Gegenstand innewohnende Ordnung sichtbar
machen. Die Ordnung, das Ganze, ist immer da, es muss nicht zusammen gesetzt
werden, jedes Partikel ist eingebettet in das Ganze, dies gilt es zu erkennen.
Hinter allem steht die von Gott gegebene Ordnung, eine göttliche inspirierte
Harmonie, diese herauszuarbeiten ist die Aufgabe des Künstlers. Damit steht
Mondrian ganz in der calvinistischen Glaubenstradition.

3.4 *Tableau No. 4 (Composition No. VIII, Compositie 3)*

1913,   Öl auf Leinwand, 95x80 cm
`s Gravenhage, Haags Gemeentemuseum

Schwarze Linien, horizontal und vertikal, gerade und gebogen, sich teilweise
überschneidend, eine tonige Farbgestaltung in Grau- und Brauntönen, wobei in
der unteren Bildhälfte dunklere Brauntöne vorherrschen und einige Flächen durch
Schraffur hervorgehoben werden - Mondrian setzt seine Bildsprache konsequent
ein. Während beim „Blühenden Apfelbaum" die Natur als Malanlass für den
Betrachter aus dem Titel zu erschließen und aus der Darstellung zumindest noch
zu erahnen ist, verweist „Tableau No. 4", von ihm auch als Composition No. VIII
bzw. Compositie 3 bezeichnet, allenfalls auf die Reihenfolge innerhalb einer
Schaffensperiode und verweigert jeglichen Hinweis auf einen außerhalb der

---

[16] Vergleiche dazu auch seine beiden Variationen „Stillleben mit Ingwertopf" datiert 1911 und 1911/12.

Abstraktion liegenden Sinnzusammenhang. Damit setzt Mondrian seine Vorstellung von der Autonomie des Kunstwerks konsequent um. Eine Entwicklung, die sich an weiteren Motiven aufzeigen lässt.

3.5 Die See

1912, Öl auf Leinwand, 82,5x92 cm
Privatsammlung

Der Untergrund ist in Abstufungen eines hellen Blaugrau gehalten. Die Bildfläche wird vor allem durch lang gezogene, teilweise leicht geschwungene, horizontale Linien strukturiert, deren Dichte von oben nach unten abnimmt, wobei gleichzeitig ihre Stärke zunimmt. Der Betrachter nimmt Bewegungen wahr, ohne sie direkt einer Naturbeobachtung zuordnen zu können. Die Bildfläche wird rhythmisiert, gerät aber nie aus dem Gleichgewicht. Sie strahlt Ruhe und Harmonie aus, verweist damit auf die nie endende Bewegung der Wellen, auf einen Teil der göttlichen, der ewigen Weltordnung.

3.6 Pier und Ozean (Komposition Nr. 10)

1915, Öl auf Leinwand, 85x108,5 cm
Otterlo, Rijksmuseum Kröller-Müller

Folgen die Linien 1912 noch teilweise einer naturalistischen Andeutung, sind sie hier auf Geraden reduziert. Damit erhält das Ganze den Charakter einer geometrischen Darstellung. Dynamik entsteht durch die verdichtete Anordnung der Linientypen; so bestimmen kurze, sich häufig kreuzende Linien den oberen Teil des Bildes, während im unteren Teil lang gezogene Linien dominieren. Vertikalen beherrschen die untere Mitte, Horizontalen die Flächen links und rechts zum Bildrand hin.

Während wir die Architektur einer Pier damit in Einklang bringen können, fällt es uns schwer, eine organische Wellenbewegung zu assoziieren. Mondrian nimmt die real existierende Welt zum Anlass einer Darstellung, mit seinem Verweis auf eine darin verborgene Struktur konzipiert er aber gleichzeitig eine neue, uns unbekannte Welt.[17]

---

[17] „Ihm kam es auf die Ausgewogenheit der Komposition an, auf die selbständige Gültigkeit der kleinen Welt, die – von dem Gegenstand abgelöst, der nur ein Anlaß [sic] war – auf der Leinwand geschaffen wird und in sich selber ruht." (Jaffé, 1990, 24)
"In seinem Bemühen um eine »Vision der Wirklichkeit«, d. h. um das »reale Abstrakte«, entkleidet er seine Eindrücke von allem Zufälligen, so dass nur eine Erinnerung an die Größe der Natur übrig blieb." (ebenda, 26)

4   Die Kriegsjahre 1914-1918

Eine Erkrankung des Vaters zwingt Mondrian 1914 zur Rückkehr in die Nieder-
lande, der Ausbruch des Ersten Weltkrieges verhindert seine Rückkehr nach
Paris. In den Kriegsjahren hält sich Mondrian zuerst in Domburg, später in Laren
bei Amsterdam auf. In diese Zeit fällt die Begegnung mit dem bekannten
niederländischen Theosophen Schoenmaekers. Die Auseinandersetzung mit ihm
lässt in Mondrian die Erkenntnis reifen, dass Leben und Kunst untrennbar mitein-
ander verbunden sind und die Kunst als Wegbereiterin einer neuen Ästhetik ihren
Beitrag zur Utopie einer vollkommenen, harmonischen Welt leistet. Schoenmaekers verwendet den Begriff „nieuwe wereld-beeld [neues Weltbild]"[18], der
Mondrian zu seiner Formulierung von der „neuen Gestaltung" inspiriert.

Von entscheidender Bedeutung ist 1915 die Bekanntschaft mit Bart van der
Leck[19], der sich als Architekt experimentell mit der geometrischen Aufteilung der
Fläche beschäftigt, und Theo van Doesburg[20]. Dieser gibt den Anstoß zur Bildung
der Künstlergruppe „De Stijl", der sich Mondrian und Johann Jacob Pieter Oud[21]
anschließen; die gleichnamige Zeitschrift wird ihr Sprachrohr. Weitere Künstler
und Architekten stoßen zur Gruppe, so Gerrit Rietveld, Cornelis van Eesteren, Jan
Wits, Robert van´t Hoof (Architekten), Vilmos Huszar (Maler), Anthony Kok
(Dichter) und George Vantongerloo (Bildhauer).[22]

Für das gemeinsame Programm formuliert Mondrian: "Das Leben des heutigen
Kulturmenschen kehrt sich allmählich von der Natur ab: es wird mehr und mehr zu
einem abstrakten Leben. So auch die Kunst! Sie wird sich als ein Produkt einer

---

[18] Wijsenbeek I, 1968, 91

[19] Bart van der Leck (1876, Utrecht – 1958,?), niederländischer Architekt und Gestalter

[20] Theo van Doesburg (1883, Utrecht – 1931, Davos), eigentlich Christian Emil Marie Küpper, ist Maler und
Kunsttheoretiker mit Verbindung zur Dada-Bewegung und zu Kurt Schwitters. Er prägt den Begriff
»konkrete Kunst«.

[21] Kennzeichnend für »De Stijl« ist die Betonung von Primärfarben und geometrischen Elementen. Muster-
gültige Arbeiten werden in der Zeitschrift »De Stijl« veröffentlicht. 1921 veranstaltet van Doesburg in
Opposition zum bis dahin expressionistisch orientierten Bauhaus einen »De-Stijl-Kurs« in Weimar, der
die elementargeometrische Phase am Bauhaus mitbegründet.

[22] Johann Jacob Pieter Oud (1890, Purmerend – 1963, Wassenaar), Architekt
Gerrit Thomas Rietveld (1888 – 1964, Utrecht), Zimmermann, Architekt und Designer
Cornelis van Eesteren (1897, Kinderdijk – 1988, Amsterdam), Architekt und Stadtplaner
Jan Wits, Architekt (weitere Daten konnten nicht ermittelt werden)
Robert van´t Hoof (oder Hoff), Architekt (weitere Daten konnten nicht ermittelt werden)
Vilmos Huszar (1884, Budapest - 1960 Heelden/NL)
Anthony Kok (1882 – 1969)
Georges Vantongerloo (1886, Antwerpen – 1965, Paris), belgischer Maler, Bildhauer und Architekt. Er
gehört 1932 zu den Begründern der Gruppe »Abstraction – Création« und setzt damit die Arbeit von
»Cercle et Carré« nach dem gesundheitlich bedingten Ausscheiden Seuphors fort. (siehe Fußnote 26)

anderen Dualität im Geiste des Menschen äußeren, als Produkt eines kultivierten Äußeren und eines vertieften, bewußten [sic] Innern. Als seine Darstellung des menschlichen Geistes wird sie sich in einer rein ästhetischen Form, das heißt in einer abstrakten Form ausdrücken."[23] Damit legt Mondrian den Grundstein für die „Ablösung des Abstrahierenden durch die Abstraktion"[24], damit begründet er die Autonomie seiner Bildsprache und verweist gleichzeitig auf seinen dualistischen Ansatz.

4.1 Komposition in Farbe A

1917, Öl auf Leinwand, 50,3x45,3 cm
Otterlo, Rijksmuseum Kröller-Müller

Mondrian klärt seine Bildsprache: Auf der nahezu quadratischen Bildfläche verteilen sich – scheinbar willkürlich - farbige Rechtecke und kurze schwarze Linien. Dabei sind sowohl Flächen als auch Linien rechtwinklig ausgerichtet, teilweise mit Überschneidungen, allerdings ohne dass die Linien sich kreuzen. Auch in der Farbwahl zeigt sich eine Reduktion: Weiß bestimmt den Untergrund, die Linien sind schwarz, die Flächen erscheinen in gedämpftem Gelb, Rot und Blau.

Jegliche Anhaltspunkte, die den Betrachter an die Realität erinnern und zu einer Deutung im Sinne des Naturalismus verleiten könnten, sind ausgelöscht. Das Kunstwerk steht für sich und fordert auf, sich mit ihm auseinanderzusetzen, dabei alles bisher Gesehene oder Gedachte hinter sich zu lassen, neu zu sehen, neu zu denken. Mondrian hat für sich in seiner künstlerischen Praxis die Abstraktion als Ausdruck des Geistigen realisiert.

Die Gegenüberstellung von Geist und Materie ist ein Ausgangspunkt der Theosophie, Mondrian erweitert diesen Ansatz um die Zuordnung geschlechtlich definierter Kategorien. So ist der Geist für ihn eine Äußerung des männlichen Prinzips, während die Materie das weibliche Prinzip verkörpert. Alles Existierende unterliegt diesem Dualismus, auch die bildnerischen Mittel. So ist die Vertikale Ausdruck des Männlichen, die Horizontale Ausdruck des Weiblichen.[25] Ruhe und Glück in der Kunst entstehen durch die klare Trennung der Gegensätze und deren wechselseitiges Gleichgewicht. Dies herzustellen ist die Aufgabe des Künstlers, für die er als Zwienatur, ausgestattet mit weiblichen und männlichen Anteilen, prädestiniert ist.

---

[23] Wijsenbeek I, 1968, 92
[24] Wijsenbeek I, 1968, 122

5   Die Jahre in Paris

1919 kehrt Mondrian nach Paris zurück in sein früheres Atelier, parallel zu seinen praktischen Arbeiten formuliert er seine theoretischen Grundlagen weiter aus. Sein Konzept des Neoplastizismus verwirklicht er dabei nicht nur in seiner künstlerischen Tätigkeit, vielmehr gestaltet er, seinem Anspruch einer Einheit von Leben und Werk gemäß, seine nächste Umgebung, sein eigenes Äußeres nach den gleichen Grundsätzen: „Nach Überqueren des Flures betrat man das Atelier Mondrians, das ein Kunstgebilde an sich darstellte. Es war äußerst dürftig, ja arm möbliert, von einer peinlichen Ordnung, aber er hatte die Wände und das wenige Mobiliar nach seinen Prinzipien bemalt. Die Wände zeigten horizontale und vertikale Linien, die von Farbflächen in reinem Rot, Gelb und Schwarz eingerahmt waren. Genauso war der Boden bemalt, und selbst das schlichte weiße Küchentischchen hatte rote Schubladen. Auf der Staffelei das Bild, woran er gerade arbeitete, alle übrigen Leinwände peinlich genau der Ausstattung des Ganzen eingeordnet!"[26]

Mondrian betrachtet dies als unerlässlich für sich, um seine „Arbeit an einem neuen Begriff des Schönen" nicht durch den etwaigen musealen Charakter seiner Wohn- und Arbeitsräume zu hemmen. Er betont den unlösbaren Zusammenhang zwischen Architektur und Malerei, Architektur und Raumgestaltung, ohne den jeweils speziellen Charakter der beiden künstlerischen Gebiete zu verdecken oder zu leugnen. Vielmehr sieht er gerade in deren Zusammenklang den Ursprung einer neuen Ordnung: „Alles sollte von ein und demselben Prinzip ausgehen, eben dem Prinzip der neuen Gestaltung, damit sich im Ganzen das klare Gleichgewicht der Beziehungen ausdrückt. Eine Zusammenarbeit der verschiedenen Kunstzweige ergibt sich dann von alleine."[27]

---

[25] Er konkretisiert diese Zuordnung hinsichtlich seiner Motive dahingehend, dass die männliche Linie dem Baum entspricht, die weibliche dem Meer. (siehe dazu Martin S. James in Deicher, 1993, 201)

[26] Michel Seuphor zit. n. Wijsenbeek I, 1968, 115
Michel Seuphor (1901, Antwerpen – 1999, Paris), eigentlich Ferdinand Berckelaers, ist gebürtiger Belgier, später französischer Staatsbürger. Der Maler, Keramiker und Kunstkritiker gründet die Gruppe »Cercle et Carré« und pflegt intensive Kontakte zur künstlerischen Avantgarde.

[27] Wijsenbeek I, 1968, 118

5.1 Komposition A

1920, Öl auf Leinwand, 90x91 cm
Galleria Nazionale del Arte Moderna e Contemporanea, Rom

Die gesamte Bildfläche wird durch Linien, die im rechten Winkel aneinander stoßen bzw. sich kreuzen, in Rechtecke unterschiedlicher Größe aufgeteilt. Diese Teilflächen sind monochrom in Gelb, Rot oder Blau, Weiß, Schwarz oder Grau ausgestaltet.

Mondrian hat seine Bildsprache gefunden: Schwarze Linien gliedern die Fläche, die Farbpalette beschränkt sich auf die monochrome Verwendung der drei Primärfarben Gelb, Rot und Blau und der drei primären Nichtfarben Weiß, Schwarz und Grau. Seine Bilder erhalten so einen streng geometrischen, aber harmonischen Charakter.[28] Damit rückt er sie ästhetisch in unmittelbare Nähe zur Architektur, wie umgekehrt er architektonische Entwürfe erarbeitet, die scheinbar unmittelbar aus seinem malerischen Werk entspringen.

5.2 Explodet bow plan

1926, Gouache auf Papier, 75x75 cm
Dresden, Staatliche Kunstsammlung

Die Grundrissfläche wird in rechtwinklige Flächen unterteilt, die in den drei Primärfarben bzw. den drei primären Nichtfarben unterlegt sind. Bei genauerem Hinsehen erkennt der Betrachter die für Architektenentwürfe typischen Hinweise auf die Nutzung der Räume. Für Mondrian ergänzen sich Architektur, die Räume durch Begrenzung schafft, und Malerei, die Räume gestaltet, in hervorragender Weise, dies gilt es sichtbar, nachvollziehbar zu machen.

Die formale Reduktion der Bildsprache des Neoplastizismus sieht Mondrian als „letzte Konsequenz der Gestaltungskraft des Menschen"[29] und als Beweis dafür, „daß [sic] das Prinzip der Ruhe bis in seine äußersten Konsequenzen empfunden und durchdacht wurde."[30] Hier offenbaren sich erneut Mondrians calvinistische Wurzeln: Durch den Rückgriff auf elementare bildnerische Mittel erreicht er Klarheit und Strenge, durch das Gleichgewicht zwischen ihnen Ruhe und Harmonie. Seine Darstellungen sind frei von jeder zufälligen, oberflächlichen Realitätswiedergabe, sie sind Ausdruck des universellen Geistes.

---

[28] „Die Malerei ist zu konsequenter Präzisierung, Verinnerlichung der Gestaltungsmittel imstande, ohne das Gebiet der Gestaltung zu überschreiten. Die Neue Gestaltung in der Malerei bleibt reine Malerei: die Gestaltungsmittel bleiben Form und Farbe – in ihrer stärksten Verinnerlichung; die gerade Linie und die flächige Farbe bleiben rein bildnerische Ausdrucksmittel." (Mondrian nach Jaffé I,1990, 38)

[29] Wijsenbeek I, 1968, 119

5.3 *Raute in Rot, Gelb und Blau*

1921-25, Öl auf Leinwand,   142,8x142,3 cm
Washington, National Gallery of Arts

Das Leinwandquadrat ist auf die Spitze gestellt, seine Fläche wird von wenigen Linien unterschiedlicher Stärke gegliedert. Durch die Wahl der Raute als Grundform entstehen angeschnittene Rechtecke und Dreiecke, die der Betrachter unwillkürlich zur geschlossenen Fläche vervollständigen will. Im Zentrum liegen große Rechtecke in Weiß bzw. Grau; Gelb, Rot und Blau findet sich in kleinen Dreiecken an der Peripherie. Trotz der extremen Größenunterschiede und der so unterschiedlichen Gewichtung der farbigen Flächen, strahlt die Gesamtkomposition Ruhe und Harmonie aus.

In diesem Sinne experimentiert Mondrian mit der Minimierung der bildnerischen Mittel; gleichzeitig verwendet er die Raute als Bildformat. Damit erreicht er zweierlei: Jede räumliche Assoziation ist von vorneherein ausgeschlossen. Der Bildgegenstand präsentiert sich als Ausschnitt aus dem Ganzen, das Bild fungiert als Sucher, das unseren Blick auf die zugrunde liegende Ordnung und Struktur lenkt. Diese Ordnung ist universell, sie beschränkt sich nicht auf die Darstellung, sondern geht über diese hinaus.[31]

5.4 *Komposition mit Gelb und Blau*

1932, Öl auf Leinwand, 55,5x55,5 cm
Basel, Sammlung Beyeler

Die Bildfläche wird durch zwei sich kreuzende Linien unterteilt, wobei das Rechteck rechts unten nochmals in vier Abschnitte zerlegt wird. Das Rechteck links oben ist gelb gefüllt, eine kleine Fläche am rechten Rand blau, alle übrigen Abschnitte sind in Weiß gehalten. Mondrian sucht nicht nur nach Möglichkeiten der Ausdrucksteigerung durch Reduktion der Mittel, er setzt mit diesem Ziel auch die einzelnen Mittel bewusst zueinander in Beziehung: „Das universale Wesen der Farbe verwirklicht sich in der Neuen Gestaltung nicht allein dadurch, daß das Universale in der Farbe als Farbe selbst gesucht wird, sondern auch dadurch, daß die

---

[30] Wijsenbeek I, 1968, 29

[31] „Die Komposition lässt dem Künstler die größtmögliche Freiheit zur Subjektivierung – solange und insofern dies nötig ist. Der Rhythmus von Farb- und Maßverhältnissen (in genauer Proportion und im Gleichgewicht) bringt das Absolute in die Relativität von Zeit und Raum. So wird die Neue Gestaltung dualistisch durch die Komposition. Durch exakte Gestaltung der kosmischen Beziehung ist sie direkter Ausdruck des Universalen – durch den Rhythmus, durch die materielle Wirklichkeit der Ausgestaltung ist sie Ausdruck des Subjektiven, des Individuellen." (Mondrian nach Jaffé, 1990, 40)

Farben untereinander durch Gleichgewichtsbeziehung zur Einheit geführt werden.“[32]

1922 widmet das Stedelijk Museum Amsterdam Mondrian eine retrospektive Ausstellung anlässlich seines 50. Geburtstages, die vom Publikum allerdings kaum beachtet wird, ebenso wie seine Einzelausstellung 1923 in Paris. Widerhall findet er bei anderen avantgardistischen Künstlern. So pflegt er Kontakte zu den Konstruktivisten, von denen mittlerweile viele in Paris leben.[33] Er wird Mitglied im „Cercle et Carré“, dem auch Kandinsky, Lissitzky und Arp angehören.

Gleichzeitig bekundet das Bauhaus in Weimar Interesse an Mondrian; dort ist schon Theo van Doesburg tätig, der dessen Essay „Neue Gestaltung/ Le Néo-Plasticisme“ 1925 im Bauhaus-Jahrbuch veröffentlicht. Allerdings überwirft Mondrian sich bald darauf mit ihm und verlässt die Gruppe „De Stijl“; er begründet dies mit dessen Abweichung von den Prinzipien des Neoplastizismus.

6 Übersiedlung nach England

Die Machtergreifung der Nazionalsozialisten in Deutschland verändert entscheidend das kulturelle und geistige Leben in Europa. Mondrian reagiert darauf sehr früh, 1938 verlässt er unter dem Eindruck eines herannahenden Krieges Paris und übersiedelt nach London.

Gegen Ende seiner Pariser Zeit kündigen sich Veränderungen in seiner Bildsprache an. Hat er bis dahin auf eine Minimierung der Bildzeichen hingearbeitet, so zeigt nun eine Verdichtung der Linien eine neue Entwicklung an; seine Kompositionen gewinnen an Dynamik. Diese Darstellungsform entwickelt Mondrian auch nach seiner Übersiedlung nach London weiter:

---

[32] Mondrian zit. n. Jaffé I,1990, 49
[33] Seit im nachrevolutionären Russland der sozialistische Realismus zur allgemein verbindlichen Kunsttheorie erhoben wurde, mussten – mit Ausnahme Tatlins – alle avantgardistischen Künstler das Land verlassen, soweit sie sich nicht unterordnen wollten.

6.1 Komposition London (1. Zustand)

1940-42, Öl auf Leinwand, 82,5x71 cm
New York, Sammlung Salomon-Albright-Knox

Die Verdichtung der Linien gliedert die Bildfläche stärker und kleinteiliger, wobei sich dies auf die rechte Bildhälfte konzentriert. Dort sind zwei rechteckige Flächen, jeweils aus drei bzw. vier Rechtecken zusammengesetzt, farbig gefüllt, oben rechts in Blau, weiter unten zur Mitte hin in Gelb. Sie werden mit der übergreifenden Ausmalung jeweils zu einer Fläche zusammengefasst, dabei entsteht durch die durchlaufenden Linien der Eindruck, als sei das Gitter farbig hinterlegt. Am linken Bildrand sind im mittleren Bereich zwei kleine rote Flächen zu sehen, sie halten die Gesamtkomposition im Gleichgewicht.

In London findet Mondrian durch die Freundschaft mit dem Künstlerehepaar Ben Nicholson und Barbara Hepworth[34] Kontakt zu anderen Künstlern. Schon bald wird er Mitglied in der Künstlervereinigung „Circle"[35], die sich wie „Cercle et Carré" in Paris der Entwicklung eines neuen Kunstverständnisses verschrieben hat. Mondrians Aufenthalt in London ist nicht von langer Dauer. Nach Beginn der deutschen Luftangriffe auf London flieht er im Oktober 1940 nach New York.

7 Letzte Jahre in New York

Mondrian ist 68 Jahre alt, als er in New York ankommt, voller Neugier der neuen Welt gegenüber. Begeistert spricht er von der „berauschende(n) Lebenskraft der Stadt" und dem „amerikanischen Menschen in seiner offenen, in die Zukunft strebenden Art".[36] Offen und kreativ setzt er sich mit seiner neuen Umgebung in der Metropole, ihren Wolkenkratzern, rechtwinkligen Straßenzügen und ihrem pulsierenden Leben auseinander. Unter diesem Einfluss verändert sich sein künstlerisches Schaffen, er entwickelt einen neuen Stil. Zwar hält er fest an den sich

---

[34] Ben Nicholson (1894, Denham/Buckinghamshire – 1982, London), Maler und Objektkünstler, 1932 – 1951 verheiratet mit Barbara Hepworth (1903, Wakefield/Yorkshire – 1975, St.Yves/Cornwall), Bildhauerin, 1965 in den Adelsstand erhoben

[35] "Circle" ist das englische Gegenstück zu "Cercle et Carré" bzw. "Abstraction – Création", auch dies ein Zusammenschluss von Künstlern, die sich am Konstruktivismus orientieren.

[36] Beide Zitate aus Wijsenbeek I, 1968, 143

rechtwinklig kreuzenden Linien, jedoch strebt er nach einer neuen Dynamik durch den Einsatz der Farbe.

7.1 *New York 1941 (Boogie-Woogie)*
1941, Öl auf Leinwand, 95,2x92 cm
Privatbesitz

Waren die Linien bisher ausschließlich schwarz, so treten nun farbige Linien hinzu. Auf die farbliche Ausgestaltung einzelner Flächen verzichtet Mondrian, der gesamte Untergrund bleibt weiß. Durch Überschneidungen der Linien entsteht wie beiläufig ein räumlicher Eindruck.

Im Untertitel zu diesem Bild nimmt Mondrian Bezug auf die Musik der Großstadt. Schon lange begeistert er sich für Jazz, und er ist fasziniert vom Klang und von der Dynamik als Ausdruck eines neuen Lebensrhythmus´, einer neuen Lebensordnung. Diesen Rhythmus übersetzt er in seine Bildwelt.

7.2 *Broadway Boogie Woogie*
1942/43, Öl auf Leinwand, 127x127 cm
New York, Museum of Modern Art

Wiederum wird die quadratische Bildfläche durch Linien gegliedert, allerdings entsteht ein völlig anderer Eindruck als früher. Stand vor New York die Ordnung der Bildfläche im Vordergrund, so bewirken die Linien nun eine Rhythmisierung der Bildfläche. Dies geschieht durch deren partielle Verdichtung und den Verzicht auf Grau und Schwarz. Gelbe, rote, blaue und weiße Quadrate reihen sich wie Perlen auf eine Schnur. Zwischen die farbigen Linien hat Mondrian farbige Rechtecke platziert, die diese teilweise überschneiden.

Beim Betrachter tauchen Bilder auf von Lichtreflexen und Lichtergewirr, Assoziationen der Großstadt. Am Ende seines Lebens verlässt Mondrian, so scheint es, den Weg der reinen Abstraktion und knüpft an die abstrahierende Darstellung in seinen Bildern aus den ersten zwei Jahrzehnten des Jahrhunderts an. Anlass sind diesmal aber nicht Eindrücke der holländischen Küstenlandschaft, sondern die Realität der Großstadt.

Im Januar 1944 erkrankt Mondrian an einer Lungenentzündung, zwei Tage liegt der Künstler ohne Versorgung in seiner Wohnung, da auch Freunde ihn nur auf Einladung besuchen dürfen. Am 25. Januar wird er ins Murray Hospital eingeliefert, wo er am 1. Februar 1944 stirbt.

Auf seiner Staffelei steht, noch unvollendet, der „Victory Boogie Woogie", künstlerische Vorwegnahme des von ihm erhofften, erwarteten Sieges über die Nationalsozialisten.

7.3 *Victory Boogie Woogie*

1943/44 (unvollendet), Öl auf Leinwand, diagonal:178,5 cm
Privatsammlung

Mit dieser Darstellung knüpft Mondrian unmittelbar an den "Broadway Boogie Woogie" von 1942/43 und entwickelt die dort gezeigte Bildsprache weiter. Das Bild ist unvollendet, aber es ist ein eindrückliches Dokument der ungebrochenen Schaffenskraft des Künstlers, seiner Neugier, seiner Offenheit und Zukunftsorientierung. Er ist mittlerweile 70 Jahre alt, in Europa tobt der Zweite Weltkrieg, die Nationalsozialisten verfemen seine Kunst und die vieler seiner Zeitgenossen, aber sein Optimismus ist unerschütterlich. Er ist selbst zu diesem Zeitpunkt vom nahen Sieg über die Unmenschlichkeit und Barbarei fest überzeugt und arbeitet konsequent an seinem künstlerischen Ausdruck weiter. Hier zeigt sich, wie tief Mondrian in der calvinistischen Tradition, im Glauben an eine alles überdauernde göttliche Ordnung verwurzelt ist.

Literatur

Jaffé, Hans L. C., Piet Mondrian, Köln 1990 (Jaffé I)

James, Martin S., Piet Mondrians Theorie der Geschlechterrollen

in: Susanne **Deicher**, Die weibliche und die männliche

Linie. Das imaginäre Geschlecht der modernen Kunst von

Klimt und Mondrian, Berlin 1993

Mondrian, Piet, Die Neue Gestaltung in der Malerei

in: Hans L. C. **Jaffé**, Mondrian und De Stijl, Köln 1967

(Jaffé II)

Mondrian, Piet/**Welsh**, Robert P./**Joosten**, Joop M., Piet Mondrian. Catalogue

Raisonné, Blaricum 1998

Tomassoni, Italo, Piet Mondrian. Gestalter unserer Zeit. Luzern 1971

Wijsenbeek, L.J.F., Piet Mondrian, Recklingshausen 1968 (Wijsenbeek I)

Wijsenbeek, L.J.F., Piet Mondrian, Berlin 1968 (Staatl. Museen Preußischer

Kulturbesitz, Nationalgalerie)

Textquellen im Internet

www.arch.tu-dresden.de/iggd/va/stu_mondrian.pdf

www.krishnamurti.ch